IMPOT PROGRESSIF

PAR

Louis LAUNAY

Quod tibi fieri non vis
alteri ne feceris.

PRIX : 15 CENTIMES

PARIS

LIBRAIRIE UNIVERSELLE DE GODET JEUNE

9, PLACE DES VICTOIRES, 9

Et chez tous les libraires.

IMPOT PROGRESSIF

Jusqu'à ce jour, la science des législateurs n'a rien pu découvrir pour rendre la perception des impôts facile, et pour engager les contribuables à faire eux-mêmes la déclaration de ce qu'ils entendent payer par an pour leur part de contributions.

Loin de chercher un mode aussi libéral, les législateurs ont au contraire employé la ruse pour déguiser l'impôt et soutirer l'argent du peuple sans qu'il s'en aperçût; c'est ce qui explique la diversité des impôts.

On voit par la multiplicité de ces contributions, que non-seulement les impôts sont inventés pour tirer l'argent du peuple, mais encore pour créer des emplois à une foule d'individus, qui, ayant reçu une éducation funeste dans les colléges, séminaires, ou qui ayant passé une trop longue suite d'années sous les drapeaux, ont perdu l'usage du travail.

Puis, si l'on examine la moralité de ces impôts, on se demande comment un peuple peut être assez docile pour se laisser imposer des droits sur la lumière, sur l'air qu'il respire, sur le sel, et comment toutes ces choses qui n'appartiennent qu'à la constitution des éléments naturels, peuvent devenir la propriété d'un monarque ou de ses suppôts ; ce que la nature donne généreusement et sans mesure, ces messieurs de la classe dirigeante se l'approprient et le font payer cher au peuple.

Indépendamment de l'impôt du sang qui consiste à enlever les jeunes gens de 20 ans, les plus robustes et les mieux constitués et à les faire tuer au service de l'ordre monarchique pour un sou par jour, il existe une sorte d'impôts qui, à elle seule, constitue un attentat permanent à la vie des citoyens, ce sont les impôts qui frappent sur les objets de consommation : les douanes, les octrois, etc. Ces impôts sont si anciens et si nuisibles que, sous Néron, le peuple en demandait la suppression avec instance (Tacite, *Annales*, liv. III, L).

Le sénat de cette époque s'y opposa pour es mêmes raisons que celui d'aujourd'hualléguera si cette question d'abolition d'octrois et de douanes vient à être discutée ; il fera prévaloir son intérêt sur celui du peuple.

J.-B. Say dit que les meilleurs impôts seraient : 1° les plus modérés ; 2° ceux qui entraînent le moins de ces charges qui pèsent sur les contribuables sans profiter au trésor public ; 3° ceux dont le fardeau se répartit équitablement ; 4° ceux qui nuisent le moins à la reproduction ; 5° ceux qui sont plus favorables que contraires à la morale, c'est-à-dire aux habitudes utiles à la société.

L'impôt le plus moral est, je crois, celui qui protége la vie des citoyens et qui tend à rendre cette vie douce et agréable. Donc celui qui découvrira un impôt qui assurera au contribuable : 1° le droit de vivre et l'éducation pendant l'enfance ; 2° le droit de vivre par son travail pendant l'âge valide ; 3° par le repos dans l'âge avancé et pendant la maladie ; aura bien mérité la considération du peuple.

L'impôt progressif sur le revenu ou sur le travail me paraît être le moyen de remédier à une grande partie des maux du genre humain. Son but est d'abolir la misère et d'arrêter l'accumulation de la fortune, quand elle devient dangereuse pour le peuple. Puis, s'il offre l'avantage d'assurer le pain quotidien pour les déshérités, il a aussi pour objet de guérir cette manie de l'avarice qui n'a de remède que la mort de l'avare.

Il nous faut un impôt libre, attrayant, volontaire, juste et rémunératif.

Il faut que le trésor public de la République démocratique et sociale française soit une véritable caisse d'assurance contre toutes les éventualités de la vie humaine.

Il faut qu'il y ait assurance :
Contre la misère,
Contre la maladie,
Contre les infirmités,
Contre le chômage du travail,
Contre l'incendie,
Contre la grêle,
Contre l'épizootie,
Contre les accidents,
Contre les inondations,
Contre la tempête, etc.

Puis, après avoir garanti toutes ces éventualités, il faut que le trésor assure une pension viagère pour l'âge caduc à tout contribuable, proportionnellement à la somme qu'il aura versée au trésor, en fixant toutefois un maximum à la pension viagère. Par ce moyen, les versements de l'homme valide serviront pour la pension de l'homme devenu invalide. Du reste, le contribuable, quoique pensionné comme invalide, ne cessera pas d'être contribuable.

Pour asseoir cet impôt, il faut que les richesses ou les moyens de vivre soient patents et que les revenus soient réels et liquides. Cet impôt doit être assis, non sur la propriété, mais bien sur la personne qui la possède réellement. Ainsi, il faut que le possesseur d'une propriété déclare le revenu de sa propriété et qu'à défaut de cette déclaration, il ne puisse avoir aucune action en justice pour le paiement de ses revenus; et, si la propriété est grevée d'hypothèque, antichrèse ou de toutes autres charges emportant tout ou partie des revenus, il faut que les créanciers hypothécaires ou bénéficiaires des charges paient l'impôt; si un propriétaire possède plusieurs immeubles, il faut qu'il déclare le revenu de chaque propriété, et s'il possède des créances productives d'un revenu, il faut qu'il déclare le revenu de ses créances actives; s'il est possesseur de valeurs ou de rentes rapportant un bénéfice, il faut qu'il le déclare, afin d'en faire le total et fixer l'impôt sur le tout ; si la propriété appartient à plusieurs, il faut que la déclaration porte le nom de chaque intéressé et pour quelle part il est intéressé dans cette propriété ; si le contribuable est intéressé dans plusieurs immeubles indivis ou dans plusieurs sociétés anonymes ou en commandite, il faut qu'il déclare pour quel chiffre il est intéressé, car l'impôt progressif ne doit frapper que sur le *quantum* des revenus et en progression du chiffre total dés richesses du contribuable.

Si le contribuable ne possède que des rentes sur l'Etat ou des valeurs mobilières, il faut qu'il fasse la déclaration de toutes ses rentes et valeurs mobilières. Il est sous-entendu que les rentes au porteur doivent disparaître et être converties en rentes nominatives ; il faut qu'il en soit de même de toutes les valeurs au porteur, à moins de prendre les numéros de ces valeurs et de les inscrire sous le nom de chaque possesseur, ce qui reviendrait au même que de les rendre nominatives.

Sous le nom de valeurs, je comprends les actions et les obligations, et enfin tout ce qui constitue le capital des sociétés industrielles.

Si la déclaration n'était pas faite exactement, on appliquerait l'amende du triple droit comme cela se pratique en Angleterre, et d'ailleurs, l'impôt devenant prime d'assurance et assurant une garantie contre la misère pour le temps de la vieillesse, le contribuable a tout intérêt à l'acquitter, et en cas de substitution de possesseur, le possesseur réel n'aurait aucune action pour se faire restituer l'objet qu'il aurait voulu distraire de sa déclaration.

Pour le cas où il s'agirait de biens appartenant aux sociétés anonymes et non par actions, le propriétaire inscrit au bureau des hypothèques sera tenu de déclarer le revenu des immeubles, comme s'il les possédait personnellement, ce qui augmentera l'impôt progressif.

Si le contribuable est commerçant, il déclarera ses bénéfices annuels et en justifiera par ses livres. S'il est banquier ou escompteur de valeurs commerciales, il déclarera le chiffre de ses opérations et de ses bénéfices et, en cas de déclarations fausses ou insuffisantes, il sera procédé à une vérification de sa comptabilité. S'il est notaire ou huissier, la vérification se fera sur le répertoire et sur la comptabilité des contribuables. Les avocats déclareront leurs bénéfices annuels. Les agents de change en feront autant.

Quant à l'impôt qui devra frapper sur le travail, l'ouvrier aura tout intérêt à l'acquitter puisqu'en même temps cet impôt assure le droit au travail et qu'il devient une caisse de retraite pour la vieillesse.

Et, comme cet impôt est tout à fait personnel, il en résulte que l'homme et la femme mariés sont soumis à un impôt distinct. Il en sera de même pour les enfants en âge de travailler, qui seront imposables au moment où ils gagneront leur vie ou à l'âge de 15 à 18 ans, suivant la loi qui les rend capables de contracter mariage.

En ce qui concerne les employés, ils déclareront le chiffre de leurs appointements et seront imposés progressivement au montant de leurs traitements et comme le paiement des impôts assurera une pension viagère, il n'y aura pas double pension pour les hommes salariés par l'Etat.

Si le contribuable a des revenus et qu'il travaille, il fera la déclaration de ce qu'il gagne par an et de ce qu'il a de revenus.

TABLEAU DE L'IMPOT PROGRESSIF

à raison de 0 fr. 01 cent. par 100 fr. de revenu annuel, augmenté de 1 cent. par chaque 100 fr. de revenu, payable par le contribuable.

				fr. c.
100 f. de rente à	0.01 0/0 donnent un impôt de			0 01
200 —	0.02	—		0 04
300 —	0.03	—		0 09
400 —	0.04	—		0 16
500 —	0.05	—		0 25
600 —	0.06	—		0 36
700 —	0.07	—		0 49
800 —	0.08	—		0 64
900 —	0.09	—		0 81
1.000 —	0.10	—		1 00
1.100 —	0.11	—		1 21
1.200 —	0.12	—		1 44
1.300 —	0.13	—		1 69
1.400 —	0.14	—		1 96
1.500 —	0.15	—		2 25
1.600 —	0.16	—		2 56
1.700 —	0.17	—		2 89
1.800 —	0.18	—		3 24
1.900 —	0.19	—		3 61
2.000 —	0.20	—		4 00
3.000 —	0.30	—		9 00
4.000 —	0.40	—		16 00
5.000 —	0.50	—		25 00
6.000 —	0.60	—		36 00
7.000 —	0.70	—		49 00
8.000 —	0.80	—		64 00
9.000 —	0.90	—		81 00
10.000 —	1.00	—		100 00
20.000 —	2.00	—		400 00
30.000 —	3.00	—		900 00
40.000 —	4.00	—		1.600 00
50.000 —	5.00	—		2.500 00
60.000 —	6.00	—		3.600 00

70.000 fr.	de rente à	7,00	donnent un	impôt de	4.900	00
80.000	—	8.00	—		6.400	00
90.000	—	9.00	—		8.100	00
100.000	—	10.00	—		10.000	00
200.000	—	20.00	—		40.000	00
300.000	—	30.00	—		90.000	00
400.000	—	40.00	—		160.000	00
500.000	—	50.00	—		250.000	00
600.000	—	60.00	—		360.000	00
700.000	—	70.00	—		490.000	00
800.000	—	80.00	—		640.000	00
900.000	—	90.00	—		810.000	00
1.000.000	—	100.00	—		1.000.000	00

On voit par ce tableau qu'il n'est pas possible de posséder au delà de 250,000 fr. de rentes nettes, somme déjà colossale comparativement au salaire d'un ouvrier. En effet, 500,000 fr. de revenu × 50 fr. pour 100 = 250,000 francs + 250,000 pour l'impôt = 500,000 fr., belle fortune pour un citoyen ; mais qui, étant ainsi limitée, ne peut devenir dangereuse pour la République.

Ce tableau peut servir pour tout autre taux. Ainsi, supposons qu'on veuille descendre le taux à 1/2 centime pour 100 fr. de revenu ou pour 100 fr. de gain dans un travail quelconque, on fait l'opération suivante : 100 fr. × 0,005 mil. = 0,005, et pour 200 fr. × 0,01 c. = 0,02, et pour 300 fr. × 0,015 = 0,045 mil., et ainsi de suite, en augmentant toujours de 1/2 centime pour 100 francs.

Pour 1 million de revenu, voici l'opération

$$\frac{1.000.000}{100} \times 10.000 \times 5 = \frac{50.000}{1.000} = 50\,\%$$

l'impôt est de 50,000 fr. Il faudrait arriver
à deux millions de revenu pour atteindre
100 %. On voit que cet impôt respecte les
grandes fortunes et qu'il permet à l'ouvrier de jouir du fruit de son travail, tout
en payant l'impôt dans les mêmes proportions que le riche eu égard à ses facultés
pécuniaires.

Supposons que le capital de la France
soit de 100 milliards 820 millions et qu'il
soit réparti entre 12,000 propriétaires, dans
les proportions indiquées par le tableau
suivant.

Le nombre de propriétaires en France
est d'environ 11 millions, mais, sur cette
quantité, les 4/5 sont obligés de gagner
leur vie par le travail ; alors je les classe
parmi les travailleurs.

TABLEAU APPROXIMATIF

de l'impôt progressif sur le revenu ou sur toutes les facultés productives au profit du peuple. Supposons qu'il y ait en France 12,000 propriétaires ou principaux détenteurs de la fortune nationale et que cette détention soit répartie dans les proportions suivantes :

nombre de propriétaires	possédant chacun	possédant ensemble	impôts de chacun	°/₀	la totalité pour l'impôt
200	à 200.000.000	= 40.000.000.000	10.000.000	100	= 2.000.000.000 fr.
400	100.000.000	= 40.000.000.000	5.000.000	100	—
800	10.000.000	= 8.000.000.000	500.000	50 %	200.000.000
1.000	4.000.000	= 4.000.000.000	200.000	20	40.000.000
2.000	2.000.000	= 4.000.000.000	100.000	10	20.000.000
3.000	1.000.000	= 3.000.000.000	50.000	5	7.500.000
3.000	500.000	= 1.500.000.000	25.000	2 50	1.875.000
1.600	200.000	= 320.000.000	10.000	1	160.000
12.000 propriétaires		= 100.820.000.000 capital national			4.269.535.000 fr.

Comme ce tableau ne comprend que les principaux détenteurs de la fortune publique, il convient d'y ajouter les petits propriétaires et petits rentiers, ainsi que les travailleurs
de tous genres et de tous métiers, lesquels, à eux seuls, font
mouvoir tout l'actif social de la République. Il ne s'agit ici
que des métiers productifs et utiles, et je suppose que le
nombre des ouvriers hommes et femmes soit de 18 millions
gagnant en moyenne 800 fr. chacun par an, que ces 800 fr.
soient considérés comme le revenu d'un capital placé à 5 %,
ce qui produit 16,000 fr. pour la valeur de chaque travail-
leur × 18 millions = 288 milliards de capital, le revenu
800 fr. étant imposé à 8 centimes pour 100 fr. produit 0,64 c,
pour chacun × 18 millions =

<table>
<tr><td></td><td>11.520.000</td></tr>
<tr><td>Total de l'impôt</td><td>4.281.055.000 fr.</td></tr>
</table>

Le total de la recette étant de 4 milliards 500 millions environ, le budget des dépenses étant réduit d'après les suppressions d'emplois inutiles et nuisibles et la simplification des rouages du Gouvernement, à un milliard seulement, il restera 3 milliards 500 millions affectés au service des pensions de retraites pour la vieillesse des travailleurs des deux sexes, et, en supposant qu'il y ait, d'après la loi de la mortalité publiée par le bureau des longitudes, environ 355,000 contribuables qui parviennent à l'âge de 50 ans, époque à laquelle les assurés auront droit à la retraite qui sera au minimum de 600 fr. par an, et par tête ferait un total de 212 millions de francs, il resterait encore un excédant de recettes sur les dépenses de 3 milliards 287 millions par an, qui pourraient être employés en travaux d'irrigation et de viabilité ou à racheter les rentes sur l'Etat.

Les résultats d'une pareille conception sont incalculables : le projet renferme :

L'abolition de la misère,

L'abolition de tous les impôts existants,

L'abolition de la guerre,

L'abolition des nationalités et des frontières,

L'abolition de la domination de l'homme par l'homme,

L'abolition des grandes fortunes.

Je laisse au lecteur à tirer toutes les conséquences d'un système financier aussi étendu.

Le contribuable peut être étranger à la France et jouir des avantages que la République Française accorde à tous les habitants de la terre qui voudront bien payer l'impôt-prime d'assurance.

De cette façon, le trésor public français peut devenir le centre d'une vaste société dont les intéressés seront répandus sur tous les points de l'univers, ce qui deviendra une garantie contre les déclarations de guerre de la part des puissances étrangères, puis annexions, Etats-Unis, etc.

Et comme je m'attends bien que tous nos financiers et une partie de nos législateurs vont dire que c'est impossible, que c'est une utopie, etc., je prends l'engagement de mettre ce projet à exécution dans le délai d'un an, si l'on veut m'en déléguer le pouvoir.

Louis LAUNAY.

Paris. — Typ. N. Blanpain, 7, rue Jeanne.

www.ingramcontent.com/pod-product-compliance
Lightning Source LLC
Chambersburg PA
CBHW050449210326

41520CB00019B/6142